Barthes
en cuestión

de Man, Paul | Podlubne, Judith

Barthes en cuestión / Paul de Man, Judith Podlubne – 1a. ed. –
Rosario • Santiago : Nube Negra Ediciones • Bulk editores, 2020.
78 p.; 12 x 18 cm. – (Discusión)

ISBN: 978-956-09486-7-0

1. Teoría de la literatura. 2. Filosofía. I. Título.
CDD 100

Nube Negra • Rosario, Argentina

Bulk editores • Ñuñoa, Santiago de Chile
bulkeditores@gmail.com

Colección Discusión
Dirigida por Alberto Giordano

Edición: Nora Avaro
Diseño: Estudio Cosgaya

ISBN: 978-956-09486-7-0

Barthes en cuestión

Paul de Man
Judith Podlubne

 Nube Negra

 bulk editores

Visión ciega.
El Roland Barthes de Paul de Man

Judith Podlubne

> *Los momentos de mayor ceguera del crítico, respecto*
> *de sus propios presupuestos, son también los momentos*
> *en que se revela el mayor grado de intuición.*
> Paul de Man[1]

La enseñanza romántica

A fines de los años setenta, en el prólogo a *El abso-luto literario*, Philippe Lacoue-Labarthe y Jean-Luc Nancy advertían sobre el uso inapropiado del tér-mino "romanticismo" para designar el "primer romanticismo alemán". Si bien el equívoco era ex-tendido, en Francia resultaba más profundo y per-sistente debido al desconocimiento general de los

---

1   "La retórica de la ceguera: Jacques Derrida y la lectura de Rousseau". *Visión y ceguera. Ensayos sobre la retórica de la crí-tica contemporánea*. San Juan, Editorial de la Universidad de Puerto de Rico, 1991; p. 117. Edición y traducción de Hugo Rodríguez Vecchini y Jacques Lezra.

principales autores del llamado Círculo de Jena: los hermanos Friedrich y August Wilhelm Schlegel, Friedrich Schiller, Schelling, entre otros. La falta de traducciones constituía, al decir de los autores, una de las lagunas más apabullantes entre las que, casi por tradición, distinguían a la cultura y la edición francesas. Esta falta no les impedía sin embargo reconocer la herencia romántica alemana en la empresa teórica del estructuralismo. De hecho, el objetivo del libro la prolongaba y ampliaba, y también se negaba a considerarla como un episodio concluido.

El "primer romanticismo", aquel que iba a determinar no solo la existencia de un romanticismo en general sino también el curso de la historia literaria (y de la historia a secas), no describía una época, un *estilo* o una *escuela* consumados en el pasado sino que inauguraba un *punto de vista* tan definitivo como vigente: el del absoluto literario. La enseñanza romántica establecía que el "proyecto *teórico*" de la literatura nacía con ella, al tiempo que impedía su fin y su definición. La idea, irónica en sí misma, excedía el sentido del término "proyecto" para aludir a la *crisis* histórica y conceptual que lo ponía en marcha. El Círculo de Jena, conocido como *romanticismo teórico*, instituía la *crisis*, la *cuestión crítica* de la literatura, el infinito proceso de cuestionamiento de sí misma, como su ser incumplido. Se inauguraba así el juego paradójico de *la teoría como literatura*, lo que equivalía a decir, la literatura produciéndose y produciendo a la par la interrogación sobre sus propias condiciones de producción. Tal vez y antes que nada, según afirmaban Lacoue-Labarthe y Nancy, el absoluto literario era también esta *operación literaria* absoluta.[2]

La modernidad teórica tendía a establecer un vínculo denegatorio, y por lo mismo incesante, con esa operación inaugural. Las demandas culturales, las prácticas institucionales, las modas críticas, las disputas conceptuales, leves o encarnizadas, suspendían o impulsaban, según los casos e intereses, el mismo cuestionamiento que las hacía posibles. "El romanticismo es nuestra ingenuidad" afirmaban Lacoue-Labarthe y Nancy.[3] Una ingenuidad, no un error. El modo de ignorar lo que de todos modos se sabía; quizá, el único capaz de atender a un pensamiento que asume el infinito como pauta constitutiva. "Ingenuo —puntualizaba la frase inicial del fragmento 51 del *Atheneaum*— es aquello que es o parece natural, individual o clásico hasta la

---

2   *El absoluto literario. Teoría de la literatura del romanticis-*
     mo alemán. Buenos Aires, Eterna Cadencia, 2012; p. 35.
     Traducción: Cecilia González y Laura Carugati.
3   *Ibid.*; p. 42.

ironía o hasta el continuo cambio de autocreación y autodestrucción".[4] La ironía, el poder mismo de la reflexión o de la reflexividad infinita, el otro nombre de la especulación, definía la dinámica propia del absoluto literario. La dialéctica de autocreación y autodestrucción de las ideas, que preconizaba Friedrich Schlegel, era garantía del afán destotalizador de Jena. El debate teórico moderno volvería a experimentar *una y otra vez*, más que el legado, el *retorno crítico* de los motivos románticos. El carácter inconcluso de esos motivos decidiría en cada oportunidad un nuevo nacimiento.

Además de un erudito en romanticismo, Paul de Man era, él mismo, un romántico en ejercicio: un militante del absoluto literario, el más sagaz argumentador en la segunda mitad del siglo XX. Nacido y educado en Bélgica, se había radicado en los Estados Unidos a fines de los años cuarenta. Lindsay Waters, su biógrafo, se asombra de que eligiera emigrar a ese país y no a Francia, dada la orientación de sus estudios e intereses. Entre 1937 y 1940, había cursado la carrera de grado en la francófoba Universidad Libre de Bruselas, donde inició su trayectoria como crítico y redactor de la revista literaria *Les Cahiers du*

4   *Ibid.*; p. 139.

Libre Examen. La década del cuarenta había sido la de su formación intelectual en las relecturas francesas de Hegel, impulsadas por Jean Wahl, Alexandre Kojève, Jean Hyppolite; en las filosofías de Husserl y Heidegger y en la línea de reflexión de teóricos como Georges Bataille, Maurice Blanchot y Pierre Klossowski, que articularon la inquietud filosófica con la reflexión literaria. Con esta biblioteca continental, desconocida para los norteamericanos, empezó a enseñar en los Estados Unidos. Durante una estancia en Boston conoció a Harry Levin y a Renato Poggioli, catedráticos de Literatura Comparada en Harvard, quienes le propusieron estudiar en esa universidad. Además de las posibilidades académicas que le brindaba, la invitación aliviaba sus apremios económicos. En 1960, obtuvo el doctorado con la tesis *Mallarmé, Yeats y la aporía posromántica.* Su primer libro, *Visión y ceguera. Ensayos sobre la retórica de la crítica contemporánea,* reunió gran parte de sus trabajos de los años sesenta y se publicó en Oxford en 1971. En "Crítica y crisis", el ensayo programático que encabezó el volumen, afirmó que "toda crítica verdadera se da en la modalidad de la crisis."[5] Esta

5   En *Visión y ceguera;* p. 12. La versión inicial se publicó en *Airón* 6, Nro. 1, en la primavera de 1967, con el título "The Crisis of Contemporary Criticism"; pp. 38-57.

idea tutelaba el examen escrupuloso que De Man hacía del proceder estructuralista y desestimaba su impacto trastocador en los Estados Unidos. Con un léxico todavía impregnado de fenomenología husserliana, De Man situaba los alcances de la noción de *crisis* en un efecto de lectura específico.

> Podemos hablar de crisis cuando se da una "separación", a través de la autorreflexión, entre lo que en el texto literario es conforme a la intención original y lo que se ha desprendido irrevocablemente de esa fuente intencional. Nuestra pregunta con respecto a la crítica contemporánea tendría que ser entonces: ¿Se ha dedicado la crítica en realidad a escrutarse a sí misma hasta el punto de reflexionar sobre su propio origen? ¿Se está preguntando acaso si hace falta que el acto crítico se dé?[6]

Las preguntas anticipaban objeciones, las dificultades del estructuralismo para interrogar sus presupuestos. No había argumentos ni síntomas que probaran que su efervescencia estuviese rehaciendo la conciencia teórica de toda una generación. Resultaba pertinente en cambio, ironizaba De Man, que dicha generación confundiera efervescencia

---

6   *Ibid.*; p. 12.

con crisis y utilizara el lenguaje de la crisis para referirse a lo que estaba sucediendo. Lo que en Francia se designaba con la etiqueta "estructuralismo" no sería sino un intento de formular una metodología general de las ciencias del hombre. No era la primera vez, ni sería la última, que se buscara situar los estudios literarios en relación con las ciencias sociales; de hecho esos intentos habrían sido un lugar común en el pensamiento del siglo XIX, desde Hegel hasta Taine y Dilthey. Esta observación, contraria a los aires de la época, sintetizaba el punto central de la discrepancia de De Man. La empresa desmitificadora, denominador común del pensamiento continental, tenía su punto de partida en un ejercicio de mistificación. "Concebir la literatura (o la crítica literaria) como el resultado de una desmitificación podría llegar a ser el más peligroso de todos los mitos".[7]

El intempestivo rechazo de De Man hacia Roland Barthes fue contemporáneo de la escritura de "Crítica y crisis". En octubre de 1966, ambos coincidieron en el célebre coloquio de Baltimore, "Los lenguajes críticos y las ciencias del hombre: la controversia estructuralista", que marcó el ruidoso y

7   *Ibid.*; p. 19.

simultáneo arribo del estructuralismo y postestructuralismo a la academia norteamericana. De Man asistió a la lectura de "Escribir, ¿verbo intransitivo?", el ensayo que Barthes preparó para la ocasión y en el que proclamaba, con empaque fundacional, el restablecimiento de la idea de literatura como "auténtica teoría del lenguaje", una que remitía directamente a la *retórica*, dominante en Occidente desde Gorgias hasta el Renacimiento.[8] Según Barthes, la retórica, amenazada desde comienzos del siglo XVI por el racionalismo moderno, habría resultado definitivamente desplazada con el afianzamiento del clasicismo a fines del siglo XIX. A partir de ese momento, no habría quedado ninguna zona de reflexión en común entre la literatura y el lenguaje. La literatura ya no se sentiría lenguaje, excepto en lo que respecta a algunos precursores como Mallarmé. El diagnóstico era drástico, generalizador y francocentrista. "Escribir, ¿verbo intransitivo?" anunciaba un *retorno a la retórica*, el reencuentro de literatura y lenguaje, por un doble camino: el de la lingüística,

---

8 El ensayo se incluyó originalmente en Richard Macksey y Eugenio Donato: *Los lenguajes críticos y las ciencias del hombre. Controversia estructuralista*. Barcelona, Barral Editores, 1972. Traducción de José Manuel Llorca. Y se publicó luego en Roland Barthes: *El susurro del lenguaje. Más allá de la palabra y la escritura*. Barcelona, Ediciones Paidós, 1987; pp. 23-33.

orientado a describir los efectos del mensaje antes que su relación con el referente, y el de la escritura, que autores como Proust y Joyce habrían emprendido después de Mallarmé. El anuncio se daba en un contexto poco propicio para sus aspiraciones inaugurales. A diferencia de lo que sucedía en Europa en general, y en Francia en particular, donde las distintas escuelas formalistas, que se convertirían en vanguardia teórica, impactaban contra la crítica académica de corte biografista y enciclopédico, los estudios literarios norteamericanos estaban dominados, desde los años treinta y hasta entrada la década del cincuenta, por la *new criticism* y su defensa del carácter autosuficiente del lenguaje poético.[9]

Cuando ocurrió el simposio de Baltimore, De Man era ya un especialista en romanticismo y postromanticismo francés, inglés y alemán; no tenía aún ningún libro publicado pero las decenas de ensayos en revistas especializadas mostraban que la sutileza autorreflexiva y el cosmopolitismo eran

9   Para una caracterización del surgimiento y el desarrollo de estos estudios en la academia norteamericana, ver Frank Lentricchia: *Después de la "nueva crítica"*. Madrid, Visor, 1990. Traducción de Ramón Buenaventura. Y Terry Eagleton: *Una introducción a la teoría literaria*. México, Fondo de Cultura Económica, 1998. Traducción de José Esteban Calderón.

rasgos diferenciales de su trabajo. Barthes acababa de publicar *Crítica y verdad* y su figura había alcanzado una notoriedad inusitada. De Man lo leía desde *El grado cero de la escritura* y había escrito sobre él y *Michelet* en "Impás de la crítica formalista", publicado en *Critique* 109 (junio 1956) e incluido en la segunda edición de *Visión y ceguera*. Las observaciones que planteaba en esa oportunidad anticipaban en parte la intervención de Baltimore. Es probable que las circunstancias no fueran recíprocas y Barthes ignorara quién era De Man. El encuentro entre ambos resultó lo suficientemente destemplado como para que Barthes calificara de "golpes" los comentarios de su interlocutor. En el debate, De Man desconoció las novedades que Barthes introducía y focalizó sus reparos en dos problemas de los que venía ocupándose desde tiempo antes: el de la historia y el de la interioridad.[10]

> Me gustaría hablar un momento del trato que Roland Barthes da a la historia. Creo que tiene usted un mito histórico optimista [...] que está relacionado con el abandono de la última forma activa de la filosofía tradicional que conocemos,

10 Ver Lindsay Waters: "Paul de Man: Vida y obra". Introducción a *Escritos críticos*. Madrid, Visor, 1996; p. 89. Traducción: Javier Yagüe Bosch.

la fenomenología, y el abandono de la fenomenología por el psicoanálisis, etc. Esto representa un proceso histórico, y posibilidades extremadamente optimistas, para la historia del pensamiento. Sin embargo tiene usted que demostrarnos que los resultados del análisis estilístico que hace son superiores a los que obtuvieron sus predecesores y que eso ocurre gracias a este cambio optimista relacionado con una cierta renovación histórica. Debo admitir que me han defraudado un poco los análisis específicos que usted nos ha ofrecido. No creo que presenten ningún progreso en relación con aquellos de los formalistas, rusos o americanos, que utilizaron métodos empíricos, aunque sin emplear ni el vocabulario ni el marco conceptual que usted utiliza. Pero más seriamente, cuando se refiere a hechos de la historia literaria, dice usted cosas que son falsas desde el punto de vista de un mito típicamente francés. [...] Encuentro en su obra una concepción falsa del clasicismo y el romanticismo. Cuando, por ejemplo, con respecto a la cuestión del narrador o del "doble ego", habla de la literatura desde Mallarmé, o de la nueva novela, y las opone a lo que ocurre en la novela romántica, o en el relato o en la autobiografía románticos, usted simplemente se equivoca. En la autobiografía romántica o, mucho antes de ella, en el relato del siglo XVII, se encuentra esta misma complicación del ego (*moi*), no solo inconscientemente, sino tratada explícita y temáticamente y de forma mucho más compleja que

en la novela contemporánea. No quiero continuar este desarrollo; solo quiero indicar que usted tergiversa la historia *porque* necesita un mito
histórico del progreso para justificar un método
que todavía no es capaz de justificarse por sus
propios resultados.[11]

Como se ve, las objeciones de De Man se proyecta-
ron sobre aspectos previos de la obra de Barthes.
En el contexto de la discusión general, su embes-
tida reorientaba las denuncias contra el supuesto ahistoricismo de la *nouvelle critique* que Lucien
Goldmann había presentado pocas intervenciones
antes.[12] Mientras Goldmann agitaba el consenso
sociológico en el interior de las nuevas tendencias,
De Man denunciaba el optimismo de Barthes, al

11 En *Los lenguajes críticos y las ciencias del hombre*; p. 169.
12 Si bien Goldman fue considerado uno de los principales
    protagonistas de la *nouvelle critique*, él mismo deslindó su
    modo de pertenencia en "La sociología y la literatura: si-
    tuación actual y problemas de método" (1967). Su libro *El
    hombre y lo absoluto* (1955) lo convirtió en uno de los más
    notables revitalizadores de la obra de Racine en Francia.
    Secundó a Barthes contra Raymond Picard en la idea de
    que resultaría insuficiente explicar la génesis y la signi-
    ficación de la obra de Racine solo poniéndola en relación
    con la biografía y la psicología del autor, pero reaccionó
    con virulencia contra la versión psicoanalítica que Barthes
    brindaba del teatro raciniano. Ver Jaime Moreno Villareal:
    "La posteridad del libro de Barthes". Barthes, Roland: *Sobre
    Racine*. México, Siglo XXI; p. 20.

alertar sobre la ideología encubierta en la llamada "desaparición de la historia". Su exposición asumía un tenor específico y erudito, acorde con la solvencia de sus estudios sobre romanticismo, y acertaba al identificar el afán de novedad como la principal debilidad del planteo barthesiano. Aunque es probable que Barthes no se desprendiera nunca definitivamente, el mito progresista de la historia dejaría de tener incidencia en sus escritos recién a fines de los años setenta.

El optimismo barthesiano implicaba para De Man varios planos. El abandono de la fenomenología por el psicoanálisis y otras disciplinas (que no se especificaban, pero que era sencillo reponer: lingüística, antropología, sociología) configuraba el nivel más general del progresismo de Barthes, el epistemológico. El reemplazo de la filosofía, como saber auxiliar de la crítica literaria, por las entonces llamadas "ciencias sociales" (incluido el psicoanálisis) constituía, para De Man, el anuncio ampuloso de un progreso, cuyas consecuencias favorables permanecían indemostradas. Su desconfianza era explícita. El furor epistemológico de Barthes contrastaba con los resultados estilísticos concretos de sus análisis textuales. "Me han defraudado un poco los análisis específicos que usted nos ha ofrecido".

La decepción se explicaba en buena medida por el "refinamiento y originalidad metodológica" que, aun con diferencias profundas en otros aspectos, De Man reconocía en la *new criticism* norteamericana. "No cabe duda de que la interpretación textual y la 'lectura detenida' [*close reading*'] de los formalistas norteamericanos han perfeccionado técnicas que permiten un refinamiento especial para sorprender detalles y matices en la expresión literaria".[13] De la decepción a la denuncia, el tono de De Man se enardecía. No solo subrayaba los déficits de Barthes en materia de técnicas narrativas sino que además lo acusaba de manipular la historia literaria. De todas las inconsistencias del ensayo, esa manipulación era la que más lo irritaba. "Escribir, ¿verbo intransitivo?" proponía un contraste esquemático y apresurado entre las formas de la interioridad en la escritura romántica y sus manifestaciones en la escritura moderna, desde Mallarmé a la nueva novela francesa. Barthes asimilaba los procedimientos objetivistas a los avances de la lingüística de la enunciación e ignoraba la tradición literaria de cuño romántico que estos procedimientos convocaban.

---

13   "Forma e intención en la Nueva crítica norteamericana" en *Visión y ceguera*, p. 34.

La severidad de De Man recortaba un motivo, si no lateral, complementario del ensayo. Aunque era evidente que Barthes hacía un uso arbitrario y estratégico del romanticismo, De Man elegía leerlo como a un especialista para sancionar sus faltas. La decisión no solo traducía el malestar que el esnobismo y la frivolidad metodológicos de Barthes le provocaban sino que manifestaba además el tenor admonitorio que alentaba su divergencia.[14] Las razones de De Man eran certeras pero su actuación resultaría desafortunada. La descortesía podía leerse, según enseñaría él mismo más tarde, como "síntoma desplazado" de una resistencia inherente a la empresa teórica misma.[15] Establecidas las críticas sobre el progresismo y las fallas técnicas de Barthes, De Man se precipitaba en exabruptos toda vez que acometía desconociendo sus convicciones. "Pero más seriamente —recapitulaba, e importa subrayar el adverbio—, cuando se refiere a los hechos de la historia literaria, dice usted cosas que son falsas [...]. Encuentro en su obra una concepción *falsa*

14   Ver Martin Mc Millan: "Barthes' De Man". *Roland Barthes*. Nueva York, Palgrave Macmillan, 2011.
15   En "La resistencia a la teoría". *La resistencia a la teoría*. Madrid, Visor, 1990; p. 24. Traducción de Elena Elorriaga y Oriol Francés.

del clasicismo y el romanticismo".[16] La apelación a *lo serio* daba vía libre a la denuncia; el intercambio dramatizaba sus aristas judiciales. Para De Man, Barthes no *erraba* o *malinterpretaba* o *reducía* las concepciones del clasicismo y el romanticismo sino que las *falseaba*, las *tergiversaba*: la inculpación atribuía roles asimétricos a los interlocutores. El reclamo de *verdad* denegaba lo que De Man ya sabía, y desarrollaría a lo largo de su obra. Por un lado, la *naturaleza retórica o tropológica* del lenguaje, al retrotraer los criterios interpretativos a valores lógicos, como los de verdad y falsedad. Por otro, aunque en rigor se trataba de distintas fases de lo mismo, el *carácter performático de la teoría*. La resistencia a Barthes se ejercía sobre todo en la determinación de abordarlo desde una perspectiva *metateórica* antes que *pragmática*, como si "Escribir, ¿verbo intransitivo?", y toda la obra barthesiana, pudiera leerse como una suma de enunciados, prescindiendo de la microfísica de las acciones y los afectos que la atraviesan.

Por espíritu de supervivencia, dificultad para hacer algo mejor u oportunismo —es difícil establecer los motivos aunque debió tratarse de una mezcla de todos—, Barthes respondió antes al tono que

---

16 En *Los lenguajes críticos y las ciencias del hombre*; p. 169.

a los cargos. El carácter moral de las acusaciones recibidas (defraudación, falsedad, mistificación, tergiversación) le permitía asimilarlas a las censuras de la antigua crítica. Así como De Man lo tomaba por un improvisado, un charlatán, alguien que prometía más de lo que daba y desconocía, cuando no fraguaba, la historia literaria, Barthes convertía a De Man en Raymond Picard y eludía comparecer ante su tribunal. La respuesta profundizaba el tenor idiosincrático que su perspectiva le imponía al asunto:

> Es difícil contestar porque usted pone en duda mi propia relación con lo que yo mismo digo. Pero diré muy de pasada, y arriesgándome a nuevos golpes de parte suya, que nunca consigo definir la historia literaria con independencia de lo que la historia en general le ha añadido. En otras palabras, siempre le doy una dimensión mítica. *Para mí*, el romanticismo incluye todo lo que se ha dicho acerca del romanticismo. Por consiguiente, el pasado histórico actúa como una especie de psicoanálisis. *Para mí*, el pasado histórico es como una especie de materia viscosa por la que siento falsa pena y de la que intento extrañarme viviendo mi presente con una especie de combate o violencia contra este tiempo mítico, situado inmediatamente detrás de mí.[17]

17 *Ibid.*; pp. 169-170. El subrayado es mío.

De modo indirecto, Barthes retomaba las razones iniciales de *Crítica y verdad*, apelando con rudeza al psicoanálisis, un recurso que blandía a menudo con ánimo terrorista. Su insistencia en el carácter inconcluso del pasado —el sentido del romanticismo (como el del clasicismo en la disputa sobre Racine) permanecía en ciernes y por tanto la discusión se extendía hasta el presente— respondía a los reparos del adversario como si suscribieran las mitificaciones tradicionales, en lugar de estar impugnando las que ahora él mismo postulaba. *Crítica y verdad* proponía retomar los objetos del pasado y volver a describirlos para saber *qué se podía hacer con ellos*: "esos son, esos deberían ser —afirmaba— los procedimientos regulares de valoración".[18] Justamente los que De Man ejercía sobre los textos del romanticismo europeo desde hacía más de una década.

Aunque la respuesta de Barthes promoviera el equívoco, no estaba allí su disidencia con De Man. El mandato barthesiano recreaba la enseñanza romántica a la que ambos adherían. La voluntad de retorno crítico a lo establecido convivía con el vanguardismo de Barthes e inspiraba algunos de los momentos más aventurados de su escritura.

18 *Crítica y verdad*. Buenos Aires, Siglo XXI, 1981; p. 9. Traducción de José Bianco.

La diferencia no se planteaba a propósito de la posibilidad o legitimidad de ese retorno sino sobre las formas específicas que adoptaba en cada caso. Esa sería la cuestión para De Man. Cuando en la primavera de 1967, unos pocos meses después del simposio de Baltimore, dictase en la universidad de Princeton el seminario "Romanticism and Contemporary Criticism", la conferencia inaugural retomaría las objeciones que había dirigido a Barthes, extendiéndolas a las lecturas "abrumadoramente antirrománticas" que los estructuralistas franceses proponían del romanticismo.[19] El estructuralismo sería antirromanticismo disfrazado.[20] La voluntad desmitificadora de la *nouvelle critique* postulaba en el movimiento romántico, y en su creencia en la autonomía del yo, el mito negativo que activaba y justificaba la dinámica esclarecedora propia de la empresa. Desmitificar implicaba limitar las posibilidades de la interpretación al encuentro de

19 Paul de Man: *Romanticism and Contemporary Criticism: The Gauss Seminar and Other Papers*. E.S. Burt, Kevin Newmark, Andrzej Warminski (editores). Baltimore y Londres, The John Hopkins University Press, 1993; p. 5. La traducción es mía. Cinco de las seis conferencias que integraron el seminario se publicaron en este volumen.

20 Ver Julián Jiménez Heffernan: "Paul de Man: el camino de la desesperación". Introducción a *La retórica del romanticismo*. Madrid, Akal, 2007; p. 55.

una verdad superadora, establecida de antemano. La advertencia perentoria de De Man objetaba, en pleno auge de sus beneficios metodológicos, el *ejercicio desmitificador*.

Volver a Barthes

En 1972 los editores de *New York Review of Books* le pidieron a De Man que escribiera acerca de la obra de Barthes, con motivo de las traducciones al inglés que acababan de publicarse en los Estados Unidos: las de los de *Ensayos críticos* y una versión abreviada de *Mitologías*. La insistencia en la crítica al mito progresista de la desmitificación dio lugar a uno de los análisis más agudos y sopesados que recibiría la semiología barthesiana durante su desarrollo. Aunque no llegaría a publicarse en la revista, aparentemente, porque los editores lo encontraron demasiado especializado, el propósito de "Roland Barthes y los límites del estructuralismo" era brindar al público estadounidense una visión que se anticipara tanto a un "rechazo infundado" como a un "entusiasmo inapropiado" (45) por los aspectos de la obra con los que el propio Barthes ya no se sentiría identificado.[21]

21 Paul de Man: "Roland Barthes y los límites del estructuralismo", incluido en el libro que el lector tiene en mano. En

En dirección al primer recaudo, De Man corregía en forma tácita, sin mencionar el exabrupto de Baltimore, deslices anteriores. Si bien era cierto que, tal como había señalado entonces, las innovaciones de Barthes en materia de análisis textuales eran poco significativas, eso se explicaba ahora en el reconocimiento de que, a diferencia de los aportes más rigurosos y exhaustivos de los estructuralistas "puros" como Algirdas Greimas y Gérard Genette, por ejemplo, Barthes era primordialmente "un crítico de la ideología literaria y, en cuanto tal, su obra era más ensayística y reflexiva que técnica" (47). De Man rectificaba su punto de vista e invitaba a la lectura contextualizada, es decir, pragmática, de la obra barthesiana, a la que describía como una "aventura intelectual más que como el desarrollo

adelante todas las indicaciones de páginas entre paréntesis remiten a esta traducción.

"Roland Barthes and the Limits of Structuralism" se publicó, por primera vez, recién en 1990 en *Yale French Studies* 77, en el *dossier* "Reading the Archive: On Texts and Institutions", a cargo de E.S. Burt y Janie Vanpée. Los editores del *dossier* sostienen que la correspondencia de De Man con los responsables de *New York Review of Books* muestra el desacuerdo en torno a la excesiva especialización del vocabulario del texto. Lindsay Waters da otra versión, cuando afirma que el ensayo fue rechazado debido a las críticas que le hacía a la perspectiva barthesiana. En 1993, el artículo se incluyó en *Romanticism and Contemporary Criticism: The Gauss Seminar and Other Papers*.

científicamente motivado de una metodología" (47). La activa participación de Barthes en las disputas literarias y cultuales de Francia requería que sus planteos se leyeran en el contexto de situación particular en que habían sido escritos, la de "los demonios ideológicos subyacentes a la práctica de la crítica literaria en Francia" (48).

A la revisión de las razones que justificaron su rechazo de Baltimore, De Man sumaba una relectura del optimismo epistemológico de Barthes. El "tono algo eufórico y leventemente maníaco" (49) de los escritos barthesianos, sus toques de trompetas «en el umbral de importantes descubrimientos" (49), debían atribuirse no solo al progresismo ideológico del autor, sobre el que De Man prodigaba ironías, sino también, y esto era lo fundamental, al quiebre que, en los estudios literarios y sus alrededores, producía el descubrimiento de "la liberación del significante de los límites del significado referencial" (50). La "revolución copernicana" (51) que anunciaba el pensamiento barthesiano consistía en rescatar al lenguaje de la "metáfora de la *dependencia* [...] respecto de algo a cuyo *servicio* este opera[ba]" (51). Barthes no se limitaría a invertir el modelo de la significación, para proponer que, en lugar de esclavo del significado, el lenguaje se convertía en su amo, sino que, más drástico, proclamaría la *autonomía relativa del significante*. La afirmación de este principio, derivado de sus lecturas lacanianas, fortalecía las convicciones De Man y lo inducía a profundizarlas. Para decirlo en sus términos: la naturaleza del lenguaje comprometía un juego de sustituciones y desplazamientos tropológicos que hacía de la expresión directa una imposibilidad filosófica. La retórica, afirmaba en "Semiología y retórica" —un ensayo ineludible que publicó en 1973 en *Diacritics*, y que luego encabezó *Alegorías de la lectura*, su segundo libro, de 1979—, suspende de manera radical las determinaciones de la lógica y se abre a las posibilidades vertiginosas de aberración referencial.[22] Esta convicción le permitía a un tiempo apreciar la revuelta barthesiana e identificar, en el corazón de esa revuelta, la resistencia teórica que inhibía las mismas posibilidades que desencadenaba.

El propósito fundamental de De Man era, en esta oportunidad, situar los alcances y los límites de la semiología barthesiana. De un modo que perfilaba sus impresiones anteriores, establecía que la fuerza desmitificadora de la disciplina constituía

22 Paul de Man: *Alegorías de la lectura. Lenguaje figurado en Rousseau, Nietzsche, Rilke y Proust*. Barcelona, Lumen, 1990; p. 23. Traducción de Enrique Lynch.

"tanto un poder como un peligro" (58). El poder quedaba dicho: la semiología hacía estallar el mito de la correspondencia entre signo y referente; afirmaba el libre juego del significante contra la lectura representativa y temática. Era importante insistir sobre este punto en el contexto estadounidense, en el que los críticos se negaban a aceptarlo, bregando por el restablecimiento de una idea ingenua de la significación aferrada a los derechos del referente. Con estos interlocutores, De Man discutía en primer término. A ellos les recordaba la indiscutible importancia de Barthes. "El hecho de que se lo cuestione no significa en modo alguno que se desee dar marcha atrás al reloj (un deseo tonto, en el mejor de los casos, puesto que no se puede retroceder respecto del poder desmitificador del análisis semiológico). Ningún estudio literario puede evitar atravesar [...] estas ordalías con una guía tan refinada, certera y amena como la de Roland Barthes" (58-59).

Si bien este reconocimiento resultaba central en las motivaciones de De Man, la identificación del peligro que comprometía la semiología barthesiana definía el aporte principal de su ensayo. Convertida en instrumento de develación ideológica, la autonomía del significante manifestaba el "exceso de confianza" (58) que conducía a Barthes a engendrar su propia mistificación a nivel del método. El ideal científico que lo guiaba restringía al dominio ideológico lo que en rigor, y según De Man argumentaba desde hacía tiempo, era una propiedad estructural del lenguaje. El reparo subrayaba el riesgo de postular ese ideal en un ámbito (el de la significación, el del lenguaje en general) en el que ninguna ciencia era posible sino a condición de desconocer la naturaleza del "medio" en el que se operaba. El "tono embriagador" de las declaraciones de Barthes —De Man identificaba en los tonos la inconsistencia de las razones— se vinculaba a la confianza en "haber logrado finalmente basar el estudio de la literatura en fundamentos dotados de la suficiente solidez epistemológica como para poder llamarlos científicos" (58).

Las divergencias de De Man alertaban sobre el lugar de privilegio que la literatura obtenía en la empresa desmitificadora. Al ser reconocida como portadora de una verdad ignorada por la dinámica de la discursividad social, la verdad que finalmente explicaría la naturaleza y el modo de funcionamiento de los discursos y las relaciones sociales en general, la literatura se afirmaba como sustento de la crítica ideológica. La observación iluminaba la resistencia de Barthes a un pensamiento que asumiera la falta de fundamento como pauta constitutiva. Aun cuando los avances teóricos, incluidos los suyos, confirmarían que no se la podía reducir a un significado específico ni a un conjunto de significados, bajo el imperativo científico, la literatura terminaría siendo interpretada de manera reductiva como si fuera una declaración o un mensaje. Barthes, concluía De Man, nunca renunciaría a la esperanza de que "el trabajo negativo de desmitificación ideológica [pudiese] evitar la distorsión que consiste en atribuir indebidamente a la literatura un significado positivo y asertivo, extraño a su propia naturaleza" (66). La conclusión era categórica, demasiado categórica si se considera que en la página inicial de *S/Z*, el libro publicado en 1970 que recogía reelaborados los apuntes del seminario dictado en la École Pratique des Hautes Études entre 1968 y 1969, Barthes había anunciado ya su abandono del modelo estructural y se proponía rescatar la interpretación de la "mirada de la ciencia in-diferente" para devolverla al juego infinito de la autodiferencia de los textos.[23] Sus lecturas de Nietzsche, Lacan y Derrida habían resultado decisivas. El tránsito del concepto de "estructura" al de "escritura" estaba avanzado.

23   *S/Z*. México, Siglo XXI, 1987; p. 1.

"Tarde o temprano —prescribía De Man—, cualquier estudio literario, sin importar cuán rigurosa y legítimamente formalista sea, debe retornar al problema de la interpretación, ya no bajo la convicción inocente de una primacía del contenido sobre la forma sino como consecuencia de la tanto más perturbadora experiencia de ser incapaz de depurar su propio discurso de esas aberrantes implicancias referenciales" (66-67). Con desvíos y tracciones, el retorno al problema de la interpretación era, justamente, el camino emprendido por Barthes en *S/Z*. La imposibilidad de apreciar ese retorno, que el libro promovía desde sus parágrafos iniciales —"La interpretación" se titulaba el segundo—, señalaba los prejuicios activos en la relectura de De Man. Desde su punto de vista, *S/Z* se reducía a "un primer movimiento ejemplar en la elaboración" de la ciencia literaria (64) postulada en *Crítica y verdad*. El desconocimiento de los planteos centrales del volumen resultaba evidente y no podía atribuirse sino a factores de resistencia.[24] Ese desconocimiento se percibía también en la analogía inmediata que

24 Ese desconocimiento se percibía también en la analogía inmediata que De Man sucitaba entre el imperativo científico de la semiología y el modelo hipotético deductivo al que Barthes suscribía en *Crítica y verdad*.

De Man sucitaba entre el imperativo científico de la semiología y el modelo hipotético deductivo al que Barthes suscribía en *Crítica y verdad*. El apego al acierto inicial con que había conseguido demarcar los límites de la lectura estructuralista le impedía ahora percibir que Barthes estaba excediendo las contradicciones que le reprochaba, en el mismo momento en que esos reproches iban tomando forma.

Si bien la pervivencia del imaginario científico y el afán de sistematicidad eran evidentes en las páginas de *S/Z*, el libro iniciaba, como establece Éric Marty, la ruptura brutal y declarada con el estructuralismo.[25] La ambivalencia era su signo. Contrario al ánimo semiológico que cifraba en el concepto de estructura la unidad del relato, Barthes se proponía deconstruir el *Sarrasine* de Balzac, a través de una tarea de segmentación metódica del flujo narrativo en distintos códigos. Dos impulsos contradictorios tensionaban el sentido de la empresa. "Por un lado —sostenía Marty— una ambición totalizadora que, a través de los cinco códigos, la hace asemejarse a las funciones del lenguaje elaboradas por Roman Jakobson, y, por otro, una suerte de juego de la oca

25 En *Roland Barthes, el oficio de escribir*. Buenos Aires, Manantial, 2007, p. 126. Traducción de Horacio Pons.

en el que se trata de perderse".[26] La lectura de De Man, ciega a estos vaivenes, ejercía sobre los enunciados barthesianos una voluntad homogeneizadora, refractaria a las conversiones que definían la pulsión principal de la obra. Las críticas a *S/Z* resultaban extemporáneas. Oportuna para textos anteriores, como *Elementos de semiología* (1963) o *Introducción al análisis estructural de los relatos* (1966), la idea de que la semiología científica se encontraba desafiada por un problema del que no podía dar cuenta en términos puramente semiológicos perdía eficacia crítica aplicada a *S/Z*, en la medida en que los planteos centrales del libro excedían los presupuestos de la disciplina. Barthes negaba un alcance metodológico general al procedimiento definido en este caso, el caso *Sarrasine*, incluso cuando no renunciaba del todo al interés por aplicarlo a otros textos. De Man acertaba al señalar que el "código maestro original" (67), que sustentaba la operación desmitificadora, quedaba fuera de la comprensión de quien lo ejercitaba —"Una ciencia incapaz de leerse a sí misma ya no se puede denominar ciencia" (67)—, pero erraba al atribuir ese cargo a *S/Z* y, más aun, al generalizarlo.

26   *Ibid.*; p. 128.

En el mismo sentido apuntado por De Man, y desde tiempo antes, Barthes discutía la idea de metalenguaje. Estos cuestionamientos tendrían una de sus formulaciones más lúcidas en "La aventura semiológica", la conferencia autobiográfica, dictada en Italia y publicada en *Le Monde* en junio de 1974, en la que Barthes hacía explícita su distancia con la "euforia" y el "deslumbramiento" que unos años atrás le había provocado el programa semiológico en tanto método de la crítica ideológica. "Corresponde a la semiología [...] cuestionar su propio discurso: ciencia del lenguaje, de los lenguajes, no puede aceptar su propio lenguaje como un dato, una transparencia, un utensilio, en una palabra, un metalenguaje. Afirmándose en las adquisiciones del psicoanálisis se interroga por el *lugar desde donde habla*, interrogación sin la cual toda ciencia y toda crítica ideológica son ridículas [...]. Dicho de otra manera, la ciencia, en última instancia, no conoce ningún lugar de seguridad, y en esto debería reconocerse como escritura".[27]

Con la idea de que la ciencia fuese finalmente escritura, Barthes asumía el carácter paradojal e irrisorio de sus convicciones anteriores. *Crítica y*

27 En *La aventura semiológica*. Barcelona, Paidós, 2009; p. 19. Traducción de Ramón Alcalde.

verdad, el libro con el que había llegado al coloquio de Baltimore, postulaba la ironía como cifra de la palabra crítica. De Man pasaba por alto esta afirmación. El descuido sorprende aun más considerando sus intereses románticos. A pesar de que el ensayo establecía la necesidad de una lectura pragmática, sus conclusiones ignoraban la *performance* crítica heterogénea de Barthes y neutralizaban las oscilaciones que el libro exhibía entre *ciencia, crítica* y *lectura*. "La autoridad de control de la primera de esas disciplinas —afirmaba—, la única que está libre del error de la semantización y que reclama la verdad, queda totalmente fuera de cuestón" (63). De Man esgrimía más certezas que el propio Barthes sobre este punto. Definida como la cuestión planteada al lenguaje por el lenguaje, la ironía puntualizaba el tenor performático que Barthes atribuía a su proceder: el crítico sería aquel cuya verdad no derivaba estrictamente del sentido de lo dicho sino de la convicción que transmitía su decisión de decirlo. El reconocimiento de la naturaleza simbólica del lenguaje, la llamada "lengua plural", establecía un punto de partida a los argumentos de Barthes. Un punto de partida afín al De Man que, una década más tarde, en diálogo con Kierkegaard, postulará que la ironía no es un concepto sino el tropo de los tropos, el corazón de la naturaleza tropológica del lenguaje.[28] La afirmación del carácter indetermina-do del sentido, su ambigüedad constitutiva, coexis-tía, en Barthes, con los anhelos de cientificidad. Contradicciones y vaivenes definían el corazón móvil de *Crítica y verdad*. "Lo nuevo no consistiría para Barthes en aferrarse a un lenguaje probado, sino en virar de un lenguaje a otro de modo de elu-dir el habla disciplinaria, que sin embargo tanto lo tentaba en esos años; la novedad era el tránsito. La ciencia de la literatura resultaba una conjetura y se enunciaba en futuro, su resonancia era oracular, postulaba el triunfo de la lingüística (Barthes) sobre la filología (Picard)".[29] "Su objeto (si algún día exis-te)...", imaginaba Barthes.[30] El paréntesis era funda-mental; poco tiempo después, lo reivindicaría como

28 En "El concepto de ironía". *La ideología estética*. Madrid, Ediciones Cátedra, 1998; p. 231. Traducción de Manuel Asensi y Mabel Richart. Este ensayo fue transcripto y edita-do por Tom Keenan, a partir de la grabación de la conferen-cia que De Man dictó el 4 de abril de 1977 en la Ohio State University (Columbus, Ohio), y se publicó por primera vez, revisado por su editor Andrzej Warminski, en *Aesthetic Ideology*, en 1996, en The University of Minnesota.

29 Jaime Moreno Villareal: "La posteridad del libro de Barthes". Barthes, Roland: *Sobre Racine*. México, Siglo XXI, 1992; p. 16

30 *Crítica y verdad*; p. 59.

índice del escepticismo que sus especulaciones le inspiraban a futuro.

El ímpetu con que De Man desleía las ambivalencias barthesianas, su falta de disposición para acogerlas en una visión acorde con la sensibilidad y las inquietudes del interlocutor, podría atribuirse, además de a las razones conjeturadas más arriba, a los efectos derivados de lo que en el prefacio a *La retórica del romanticismo* registraba como una "compulsiva tendencia" de estilo.

> Algunos teóricos e historiadores de la literatura han convertido la naturaleza fragmentaria de la literatura posromántica en el principio estilístico de su propio discurso crítico. La afirmación de Adorno, en su *Teoría estética*, del carácter ejemplar de la parataxis... es un prominente ejemplo de ese principio estilístico. Como lo son las referencias de Eric Auerbach al estilo fragmentario de su propio libro en el capítulo final de *Mímesis* —desde luego, yo no puedo hacer semejantes afirmaciones. Mi compulsiva tendencia me obliga a la referida frustración por el permanente intento de escribir como si una progresión dialéctica fuera posible, más allá de las rupturas e interrupciones que la lectura desencadena. La aparente resignación ante el aforismo y la parataxis constituyen a veces una pugna por recuperar en el nivel del estilo lo perdido en el nivel de la historia. Al afirmar, de

modo en sí mismo fragmentario, la inevitabilidad de la fragmentación, restauramos la unidad estética de manera y sustancia; esa unidad que bien puede ser lo que está en entredicho en el estudio histórico del romanticismo.[31]

La tendencia a "escribir como si una progresión dialéctica fuera posible" y la respectiva frustración que ese intento le deparaba referían una dinámica menos subjetiva de lo que De Man percibía en esa oportunidad. El comentario registraba la experiencia de un límite o una debilidad que sus razones transformaban en potencia. La vuelta argumentativa de esa experiencia advertía sobre el tipo de obstáculo al que se enfrentaba. Su escritura rozaba la indecibilidad del sentido, en el mismo momento en que su inteligencia la desconocía. De Man se dejaba tentar por la inteligencia, sustrayéndose de la frustración y del desasosiego del no saber a los que la escritura lo arrojaba. Las aspiraciones de su estilo impugnaban las conclusiones que sus estudios sobre el romanticismo habían contribuido a

---

31 Cito la traducción que Nora Catelli propone en *El espacio autobiográfico* (Barcelona, Lumen, 1991; p. 40), por encontrarla preferible a la de Jiménez Heffernan en *La retórica del romanticismo, op. cit.* El comentario que propongo de este fragmento extiende las impresiones de Catelli.

instituir. La arrogancia de los argumentos, la grandilocuencia (¡recuperar en el nivel del estilo lo perdido en el nivel de la historia!), manifestaba el esfuerzo comprometido en la denegación. El empeño de De Man por justificar los anhelos totalizadores, rehusándose a restablecer la unidad entre forma y contenido, señalaba el núcleo paradójico de su resistencia. La justificación era irónica en sí misma. "La ironía —afirma Friedrich Schlegel— es la forma de la paradoja".[32] La idea de evitar la escritura fragmentaria, de renunciar al valor eminentemente romántico de la interrupción en la escritura, encubría, en su sofisticación, las dificultades de De Man para resignar un pensamiento verdadero, a salvo de la incomprensibilidad. El exceso de inteligencia, o su envés, la falta de disposición a la ironía, habían simplificado su lectura de Barthes. El afán de sancionar la verdad (es decir, los límites) de la semiología barthesiana había orientado sus intervenciones de tal modo que impediría que, una vez establecidos los déficits iniciales, su interpretación fuera capaz de percibir y valorar las mutaciones posteriores. La pulsión aventurera del ensayista se

32 "Sobre la incomprensibilidad". *Fragmentos* seguido de *Sobre la incomprensibilidad*. Barcelona, Marbot Ediciones, 2009, p. 230. Traducción y notas de Pere Pajerols.

eclipsaba ante la compulsión al reconocimiento que exhibían las conclusiones de De Man. Los restos del eclipse retornaban, silenciando su procedencia, en algunos principios fundamentales de "La resistencia a la teoría". Con Barthes, De Man afirmaba: "El auténtico debate de la teoría literaria no es con sus oponentes polémicos, sino con sus propios supuestos y posibilidades metodológicos"; y también: "La resistencia a la teoría es una resistencia al uso del lenguaje sobre el lenguaje".[33] Con variaciones leves en su formulación, estos enunciados ya estaban en *Crítica y verdad*.

---

33   "La resistencia a la teoría", *op. cit.*, p. 24-25 y 25 respectivamente.

Roland Barthes
y los límites del estructuralismo[*]

Paul de Man

Traducción: Leandro Bohnhoff

Pese a la sofisticación de los medios de comunicación modernos, la relación entre la crítica literaria angloamericana y la continental (especialmente la francesa) sigue siendo una historia de desencuentros, perturbada por una serie de brechas culturales y desfases temporales. Solo recientemente los franceses tradujeron un ensayo de Empson[1] y, con frecuencia, los trabajos estadounidenses sobre teoría o crítica literaria han perdido ya gran parte de su frescura juvenil cuando aparecen en París. Las buenas intenciones y la curiosidad son mayores en la dirección opuesta, pero también allí los problemas reales resultan empañados por una mezcla de entusiasmo errado y desconfianza inapropiada. Incluso algunos de los más iluminados críticos ingleses y estadounidenses continúan viendo a sus colegas franceses con la misma desconfianza que los turistas anglófonos le tienen al *café au lait* que les sirven en el desayuno de los hoteles del interior de Francia: saben que les desagrada pero no tienen del todo claro si es porque se trata de una imposición o porque, no habiendo sido iniciados en el ritual, hay algo que se les escapa. Otros están dispuestos a engullir la cultura francesa en su totalidad, desde el café matinal hasta Chartres y el monte Saint Michel, pero, dado que las modas intelectuales cambian con mayor rapidez que los gustos culinarios, es posible que descubran haberse calzado una boina y estar bebiendo Pernod en el momento en que la vanguardia francesa pasó ya hace tiempo a

Poétique 2 (1971): Seymour Chatman: "Henry James et le style de l'intagibilité"; William Empson: "Assertions dans les mots"; y Northrop Frye: "Littérature et mythe"].

una dieta de pulóveres de cachemira y leche fría. Los *Ensayos críticos*[2] de Roland Barthes, solo asequibles desde hace poco en una excelente traducción al inglés, datan del período entre 1953 y 1963; *Mitologías* se remonta a 1957 y nos llega, por desgracia, en una versión abreviada.[3] No puedo evitar imaginarme cuántos tropiezos pueden producirse en la recepción de unos textos que ahora combinan la nostalgia con una cualidad que, si bien genuina, es revolucionaria a destiempo. Puede que la función más útil del modo estadounidense de ver a Roland Barthes consista en tratar de anticipar tanto el rechazo infundado como el entusiasmo inapropiado de aspectos de la obra con los que el mismo Barthes tal vez no esté ya muy a gusto. Barthes fue presentado a los estadounidenses como acaso "el hombre más inteligente de nuestros tiempos",[4] y cualquier

2   [Roland Barthes: *Essais critiques*. París, Seuil, 1964; trad. Richard Howard, *Critical Essays*. Evanston, Northwestern University Press, 1972; traducción de Carlos Pujol, *Ensayos críticos*. Barcelona, Seix Barral, 1967].

3   [Roland Barthes: *Mythologies*. París, Seuil, 1957; trad. Annette Lavers, *Mythologies*. Nueva York, Hill and Wang, 1972; traducción de Héctor Schmucler, *Mitologías*. Buenos Aires, Siglo XXI, 1980].

4   Por Susan Sontag. [En su prefacio a *Writing Degree Zero* (Nueva York, Hill and Wang, 1968); p. vii, escribe: "Aun así, me atrevo a decir que Barthes es el crítico —utilizando el término de manera amplia— más consistentemente

persona necesita y merece que se la proteja de las expectativas que genera semejante hipérbole.

De hecho, pese al énfasis puesto en la estructura, el código, el signo, el texto, la lectura, las relaciones intratextuales, etc., y pese a la proliferación de un vocabulario técnico derivado sobre todo de la lingüística estructural, las verdaderas innovaciones introducidas por Roland Barthes en el estudio analítico de textos literarios son relativamente escasas. Incluso en sus trabajos más técnicos (que desafortunadamente no están disponibles en inglés), como *S/Z* (el análisis de un breve texto narrativo de Balzac) y los diversos artículos acerca de la técnica narrativa publicados en *Communications*,[5] la contribución a la crítica práctica no es tan amplia como

inteligente, importante y útil que haya surgido en cualquier parte del mundo en los últimos quince años"]. N. del T.: Este ensayo de Sontag se publicó por primera vez en español bajo el título "La escritura misma: sobre Roland Barthes" (pp. 331-363) como Epílogo a *Ensayos críticos* (Barcelona, Seix Barral, 1983), traducción de Carlos Pujol.

5   [*S/Z*. París, Seuil, 1970; trad. Richard Howard, *S/Z*. Nueva York, Hill and Wang, 1974; traducción de Nicolás Rosa, *S/Z*. Buenos Aires, Siglo XXI, 1980. Algunos de los ensayos que aparecieron por primera vez en *Communications* fueron reimpresos en Roland Barthes: *L'Aventure sémiologique*. París, Seuil, 1985; traducción de Ramón Alcalde, *La aventura semiológica*. Barcelona, Paidós, 1990, y en inglés en Roland Barthes: *Image-Music-Text*, traducción de Stephen Heath. Nueva York, Hill and Wang, 1977].

el aparato metodológico nos llevaría a esperar. La obra de estructuralistas "puros", como el lingüista Greimas y su grupo, o la de algunos de los socios más talentosos de Barthes, como Gérard Genette o Tzvetan Todorov, es más rigurosa y exhaustiva que la suya (aunque es preciso reconocer la declarada deuda que tienen con él). De ahí el riesgo de una decepción o de un rechazo precipitado e incorrectamente fundado. Barthes es ante todo un crítico de la ideología literaria y, en cuanto tal, su obra es más ensayística y reflexiva que técnica (tal vez tanto más cuando la pretensión de precisión metodológica es afirmada con énfasis). La estrecha integración de metodología e ideología es una característica atractiva de la vida intelectual europea desde que, en los sesenta, el estructuralismo pasó a ser un asunto público (y, comparados con sus colegas estadounidenses, los franceses que escriben sobre literatura siguen estando, para bien o para mal, más cerca de ser figuras públicas, comprometidas con la expresión de sus posiciones). Barthes tuvo un rol activo en la reciente "batalla de los libros", y su obra lleva las marcas de su participación. Debe ser leída y entendida como una aventura intelectual más que como el desarrollo científicamente motivado de una metodología. Está, cuando menos, tan interesado en las razones que llevan a apoyar ciertos dispositivos técnicos como en su aplicación real; de ahí el tono polémico y proselitista de muchos de sus ensayos; de ahí, también, las tantas entrevistas, panfletos, artículos de posicionamiento, etc. Su obra debe ser leída en el contexto de la situación particular en la cual fue escrita, la de los demonios ideológicos subyacentes a la práctica de la crítica literaria en Francia. Esta situación es idiosincráticamente francesa y no se la puede transportar *tel quel* (*c'est le cas de le dire*) a la situación estadounidense. Pero de esto no se desprende que la historia del itinerario intelectual barthesiano no sea de interés directo para estos lectores. La crítica estadounidense es notoriamente profusa en instrumentos técnicos (aunque mucho más pobre en la comprensión de su lógica de uso); pero se ve frustrada, como es de esperar, en sus intentos de relacionar estudios y descubrimientos particulares con preguntas históricas, semánticas y epistemológicas de mayor alcance. La existencia de esas dificultades no es de ninguna manera una señal de debilidad; solo llega a serlo si se pierde la conciencia misma del contexto más abarcador o si no se comprenden las inferencias más amplias de un método. Dejando de lado las peculiaridades regionales, la configuración de la empresa barthesiana es de una significación lo bastante amplia como para ofrecer un valor paradigmático a todos los estudiantes de literatura que estén dispuestos a dudar de las premisas de su faena.

En los escritos de Barthes se puede apreciar un tono algo eufórico y levemente maníaco, templado por una gran ironía y discreción, pero sin dudas impregnado por la sensación de encontrarse en el umbral de importantes descubrimientos: "Una antropología nueva, de distribuciones insospechadas, quizás esté ya naciendo; se rehace el mapa del *hacer* humano, y la forma de esta inmensa refundición (pero, desde luego, no su contenido) no deja de evocar el Renacimiento".[6] Esta afirmación data de 1966, pero en declaraciones recientes se siguen oyendo, apenas asordinados, toques de trompeta similares. Es el tono de un hombre que, liberado de su pasado aprisionador, tiene "la tierra... toda ante (él)" y mira a su alrededor "con corazón/alegre, sin temor a su propia libertad"[7]. La precisa naturaleza de esta

6   [Ver Roland Barthes: *Essais critiques*, op. cit.; p. 274; en la edición en inglés, p. 278; en la edición en español, p. 375]. N. del T.: En la versión consultada del artículo en inglés, esta cita está incorrectamente referenciada al libro *Crítica y verdad*. Proporcionamos, entonces, la referencia corregida.

7   [Ver el comienzo de *El preludio* de Wordsworth, 11: vv. 15-16].

liberación se puede expresar mejor en términos lingüísticos, en una fórmula justamente tomada del mismo Barthes: es la liberación del significante de los límites del significado referencial. En todas las polaridades tradicionales utilizadas a lo largo de los tiempos para describir la tensión inherente que da forma al lenguaje literario —polaridades como contenido/forma, *logos* (aquello que se está diciendo) y *lexis* (la manera en que se lo dice), significado/signo, mensaje/código, *langue/parole*, *signifié/signifiant*, voz/escritura, y la secuencia podría continuar—, la valorización implícita ha privilegiado siempre el primero de los términos y ha considerado al segundo como un auxiliar, un agregado al servicio del primero. El lenguaje mismo, como signo de un supuesto "contenido" o "realidad" no lingüísticos, se ve entonces devaluado como vehículo o portador de un significado al que refiere y que se encuentra fuera de él. En la polaridad ser humano/lenguaje, el sentido común parece autorizarnos suficientemente a privilegiar el primer término por sobre el segundo y a asignar mayor valor a la experiencia que a la palabra. Se dice que la literatura "representa", "expresa" o, como mucho, "transforma" un ente o evento extralingüístico, y que la tarea del intérprete (o del crítico) consiste en alcanzarlo como una específica unidad de sentido. Cualesquiera sean los matices a los que se recurre en la descripción de la relación (y estos son infinitos), lo que mejor la expresa es la metáfora de la *dependencia* del lenguaje (literario o no) respecto de algo a cuyo *servicio* este opera. El lenguaje adquiere dignidad solo en la medida en que se asemeja a la entidad a la que refiere o participa de ella. La revolución copernicana proclamada por Barthes no consiste simplemente en invertir este modelo (y, así, establecer que, en vez de esclavo del significado, el lenguaje se convertiría en su amo), sino en afirmar la autonomía de lo que el lingüista Saussure denominó por primera vez "el significante", es decir, las propiedades objetivas del signo, independientes de su función semántica en tanto código, tales como, por ejemplo, el rojo de un semáforo como evento óptico o el sonido de una palabra como evento acústico. La posibilidad del significante de participar en sistemas de relación con otros significantes a pesar de los límites del significado subyacente o, si se prefiere, "sobreyacente" o trascendente, prueba que la relación entre el signo o la palabra y el significado no es de simple dependencia; sugiere que este lenguaje metafórico de jerarquías polarizadas y estructuras de poder no llega a dar cuenta de la delicada complejidad de estas relaciones. La ciencia que se propone describir las funciones y las interrelaciones de los significantes (lo que incluye, entre otras cosas, la referencia) se denomina semiología, estudio de los signos independientemente de sus significados particulares, en contraste con la "semántica", que opera en el nivel del significado mismo. Barthes es uno de los representantes más importantes de esta ciencia, no tanto por ser su iniciador (y él es el primero en admitir su deuda con Saussure, Jakobson, Hjelmslev y otros), sino por ser uno de sus defensores más eficaces.

¿Cómo fue que las ideas acerca del lenguaje conducentes a una ciencia semiológica llegaron a adquirir tal fuerza polémica en manos de Barthes? Aquellas estaban ya presentes desde hacía tiempo, no solo en el campo de la lingüística sino en diversas filosofías del lenguaje y en las escuelas formalistas de crítica literaria predominantes en la mayoría de los países (con la posible excepción de Francia). Es cierto que los franceses cuentan con un modo particular de hacerse con las ideas de otros, a menudo de manera tardía, y de redescubrirlas de pronto con una energía tan original que las inducen efectivamente a un nuevo nacimiento. Esto sucedió con Hegel, Heidegger, Freud y Marx en los años recientes, y está por suceder ahora con Nietzsche.

Pero en este caso hay mucho más que una mera energía gálica. La excursión deliberada de Barthes en el ámbito de la ideología es típica del desarrollo compendiado bajo el abarcador término "estructuralismo", y el temprano *Mitologías* es, entre todos sus libros, el más indicado para ilustrar el proceso que estoy intentando describir.

Barthes es un semiólogo nato, dotado de una natural sensibilidad respecto del juego formal de las connotaciones lingüísticas, el tipo de visión y de pensamiento que advierte de inmediato cómo el anuncio publicitario de una marca de espaguetis seduce al observador al combinar, en la imagen del *rojo* de los tomates, el *blanco* de los espaguetis y el *verde* de los pimientos, los tres colores de la Casa de Saboya y de la bandera nacional italiana (permitiendo así que el consumidor potencial deguste todo lo que hace que Italia sea italiana en un solo bocado de pasta enlatada).[8] No solo aplicó esa mirada sagaz

8   [Ver "Rhétorique de l'image", en *Communications* 8 (1964), trad. Stephen Heath, "Rhetoric of the Image" en Roland Barthes: *Image-Music-Text*. Nueva York, Hill and Wang, 1977; traducción de C. Fernández Medrano, "Retórica de la imagen" en *Lo obvio y lo obtuso*. Barcelona, Espasa Calpe, 1986. De Man utiliza el mismo ejemplo de manera diferente en "Sign and Symbol in Hegel's *Aesthetics*", en Paul de Man: *Aesthetic Ideology*, ed. Andrzej Warminski. Minneapolis, Minnesota University Press, en proceso de publicación;

al análisis de la literatura sino también al de los hechos sociales y culturales, tratándolos de la misma manera en que un crítico de tendencia formalista trataría un texto literario. En *Mitologías*, un libro que sigue siendo muy actual pese a que los hechos en él descritos pertenecen a los tiempos pasados de la Francia gaullista de principios de los años cincuenta, se emprende precisamente este tipo de trabajo de sociología semiocrítica. Los maestros indisputables del género son Walter Benjamin y Theodor Adorno y, aunque Barthes fue un partidario temprano de la obra de Brecht en Francia, dudo que haya conocido bien a Benjamin o a Adorno en el momento en que escribió *Mitologías*. De todos modos, en el importante ensayo de cierre sobre historia y mito, el legado común se hace explícito en la referencia a la *Ideología alemana* de Marx, el texto modelo para todas las desmitificaciones ideológicas.

Casi cualquier sección de *Mitologías* podría ser traída a colación para ilustrar el pensamiento principal de Barthes. Tómese, por ejemplo, el ensayo inicial acerca de la lucha libre como un caso paradigmático del contraste entre, por una parte, una

traducción de Manuel Asensi y Mabel Richart, "Signo y símbolo en la Estética de Hegel" en *La ideología estética*. Madrid. Cátedra, 1998].

lectura referencial y temática y, por otra, el juego libre de los significantes. El punto no es que, en el mundo de la lucha libre, todas las peleas estén arregladas; eso no le restaría referencialidad al evento, solo desplazaría el referente desde el tema "competición" al tema "engaño". Lo que fascina a Barthes es que tanto los actores como los espectadores consientan plenamente el engaño y que se haya abandonado la aspiración a una competencia abierta, despojando así al evento de todo contenido y significado. Lo único que queda es una serie de gestos que pueden ser muy efectivos en la simulación del drama de la competencia (la celebración del triunfo, la desolación de la derrota o el drama de la peripecia, o al revés), pero que existen de manera puramente formal, independientes de un resultado que ya no es parte de la contienda. La lucha libre no es un deporte sino un *simulacrum*, una ficción. Barthes lo denomina "mito".

Los mitos de este tipo abundan en el entramado de cualquier sociedad. Su atractivo no se debe a su contenido real sino al brillo de su superficie. Y este brillo, a su vez, debe su resplandor a la gratuidad, a la falta de responsabilidad semántica del signo ficcional. Este juego está lejos de ser inocente. Lo propio de la ficción es que es más persuasiva que los hechos, y que es persuasiva, particularmente, por parecer más "real" que la naturaleza misma. Su orden, su coherencia, su simetría son posibles porque la ficción solo rinde cuentas a sí misma, por más que esas sean cualidades nostálgicamente asociadas con el orden de lo natural y de lo necesario. Lo más probable es que los gestos más superfluos, por lo tanto, resulten ser aquellos de los que es más difícil deshacerse. Su propia artificialidad los dota del máximo atractivo natural. La ficción o los mitos son adictivos porque sustituyen las necesidades naturales al ser, ellos mismos, más naturales que la naturaleza que desplazan. El particular tinte de perversidad y de mala conciencia vinculado con la ficción surge de la complicidad involucrada en la conciencia parcial de esta ambivalencia, emparejada con un deseo aun mayor de resistirse a su exposición. De ello resulta que las ficciones son las más vendibles de las mercancías producidas por el ser humano, la perfecta coincidencia entre descripción y promoción con la que sueña cualquier publicista. Sin interés en sí mismas, son la presa indefensa de cualquier voluntad que quiera hacer uso de ellas. Cuando, de esta manera, se las pone al servicio de los patrones colectivos de interés (incluidos los valores del "más alto" orden moral o metafísico), las ficciones se vuelven ideología. Es obvio que cualquier ideología tendrá siempre un compromiso con las teorías del lenguaje que defiendan la correspondencia natural entre el signo y el significado, puesto que la efectividad de la ideología depende de la ilusión de esta correspondencia, mientras que las teorías que ponen en duda la subordinación, la similitud o la potencial identidad entre signo y significado son siempre subversivas, incluso cuando permanecen estrictamente confinadas a los fenómenos lingüísticos. En *Mitologías*, Barthes es por completo consciente de esto; pone de manifiesto esa subversión al exponer tanto la estructura de los mitos sociales como su manipulación. Las consecuencias políticas se hacen claramente visibles a medida que las *Mitologías* pasan de la mitificación relativamente inocente de la lucha libre o del Tour de Francia a los bienes de consumo (por ejemplo, el Citroën DS, el bistec con papas fritas o el estilo de canto del barítono Gérard Souzay, entre otros), hasta llegar por último al ámbito de la palabra y la imagen impresas tal como aparecen en las películas o en *Paris-Match*. Tras haber sido víctima del pesado y feroz ataque de Raymond Picard, un profesor de Literatura Francesa de la Sorbona cuyo campo de especialización era la vida de Racine, Barthes escribió quizás su mejor *mitología* en la primera parte de su panfleto retaliativo titulado *Crítica y verdad*, en el que se revela la infraestructura ideológica de la crítica académica francesa con una economía magistral y sin una pizca de rencor personal.

La fuerza desmitificadora de la semiología es tanto un poder como un peligro. Es imposible estar absolutamente en lo cierto a expensas de otros sin estar expuesto a un peligro para uno mismo. La convergencia perfecta entre la crítica social barthesiana, incluida la crítica al tradicionalismo académico, y los medios utilizados para lograr esta meta tan deseable engendra su propia mitificación, esta vez en el nivel del método más bien que en el de la sustancia. El poder mismo del instrumento empleado genera un exceso de confianza que produce su propio cuestionamiento. En este caso, el cuestionamiento concierne a la pretensión de haber logrado finalmente basar el estudio de la literatura en fundamentos dotados de la suficiente solidez epistemológica como para poder llamarlos científicos. El tono embriagador al que se aludió antes se hace notar cada vez que se declara esa pretensión. A ello se debe, en parte, su poderosa influencia. El hecho de que se lo cuestione no significa en modo alguno que se desee dar marchar atrás al reloj (un deseo tonto, en el mejor de los casos, puesto que no se puede retroceder respecto del poder desmitificador del análisis semiológico). Ningún estudio literario puede evitar atravesar un severo proceso semiocrítico, y es mucho lo que habría que decir respecto de atravesar estas ordalías con una guía tan refinada, certera y amena como la de Roland Barthes. Lo que está en juego es el estatuto del estructuralismo, un trazado metodológico para la investigación científica que, como el estado de naturaleza de Rousseau, "ya no existe, quizás nunca haya existido y probablemente nunca llegue a ser", pero del que, pese a todo, no podemos prescindir[9].

Como en los mitos sociales de Barthes, la efectividad referencial y representacional del lenguaje literario es mayor que en la comunicación real, puesto que, al igual que sus luchadores de *catch*, está completamente desprovista de mensaje. La literatura sobresignifica [*overmeans*] como cuando se dice que las bombas matan de más [*overkill*].

9   [Jean-Jacques Rousseau: *Du contrat social*, en *Œuvres complètes*. París, Galimard, 1964, vol. 3, p. 123. Traducción de De Man. En español, traducción de Leticia Halperín Donghi, *El contrato social. Discursos*. Buenos Aires. Losada, 2003; p. 271. *Cf.* También Paul de Man: *Allegories of Reading*. New Haven, Yale University Press, 1979; p. 136; traducción de Enrique Lynch, *Alegorías de la lectura*. Barcelona, Lumen, 1990; p. 162].

Esta insinuación referencial, que es lo que hace que uno responda con mayor emoción a una narrativa ficcional que a un evento real, es, por supuesto, ilusoria, y es algo de lo que la ciencia de la literatura (así se la llame estilística, semiología literaria o como se quiera) debería dar cuenta sin ser absorbida por ella. El modo clásico de manejar esta cuestión consiste en evitarla, como cuando Roman Jakobson afirma legítimamente que, en la literatura, el lenguaje es autotélico, es decir, está "orientado al mensaje como tal"[10] antes que a su contenido. Al deshacerse de todo el embrollo y enredo de la significación, la fórmula abre un mundo de discurso científico que hasta ahora no había sido descubierto, uno que cubre el campo completo de la sintaxis, la gramática, la fonología, la prosodia y la retórica literarias. Con el resultado inevitable, sin embargo, de que la adecuación privilegiada del signo con el significado que gobierna el mundo de la ficción es considerada como el modelo ideal hacia el que se supone que tienden todos los sistemas semánticos.

10   [Ver Roman Jakobson: "Closing Statement: Linguistics and Poetics", en su libro *Selected Writings*, "Poetry of Grammar and Grammar of Poetry", ed. Stephen Rudy. La Haya, Mouton, 1981, vol. 3; p. 25; traducción de Josep Maria Pujol Sanmartín y Jem Cabanes, "Lingüística y poética" (pp. 347-395) en *Ensayos de lingüística general*. Barcelona, Ariel, 1984].

Así, este modelo comienza a funcionar como una norma regulativa mediante la cual se evalúan todas las desviaciones y transformaciones de un sistema dado. La literatura se vuelve, para tomar prestada la frase del título del primer libro de Barthes, un grado cero de la aberración semántica. Sabemos que debe esa posición privilegiada a la puesta entre paréntesis de su función referencial, que es desestimada como algo contingente o como ideología y no es tomada seriamente como una interferencia semántica en la estructura semiológica.

La seducción del modelo literario tuvo indudablemente su efecto en Barthes, tanto como en cualquier otro escritor dotado de sensibilidad estética. A veces, incluso en *Mitologías*, adquiere formas más bien ingenuas, como cuando, en el último ensayo del libro, se considera a la literatura, en oposición a la ideología, como aquella que "se esfuerza por retransformar el signo en sentido: su ideal [...] sería llegar no al sentido de las palabras, sino al sentido mismo de las cosas".[11] Versiones más técnicas del mismo mito aparecen en diversos textos, como cuando, en un artículo sobre los nombres en Proust

11 [Ver *Mythologies*. París, Seuil, 1957; p. 241; traducción de Héctor Schmucler, *Mitologías*. México, Siglo XXI, 1980; p. 227].

(de quien se sabe que, en algún momento, había planificado titular la sección final de su novela "La edad de las cosas"), habla de la literatura como [aquella que "se definiría así por una conciencia cratiliana de los signos y el escritor sería el recitante de ese gran mito secular que quiere que el lenguaje imite las ideas y que, contrariamente a las precisiones de la ciencia lingüística, los signos sean motivados"].[12] El asentimiento sin reservas a este tipo de proposición sería ya un ejemplo del entusiasmo inapropiado por el aspecto más debatible de la empresa de Barthes.

En el manifiesto *Crítica y verdad* (1966), cuyo vocabulario es más transformacional que estructural, más cercano a Chomsky que a Jakobson, la posición es más compleja, aunque no esencialmente distinta.

12   [Citas suministradas por el editor provenientes de Roland Barthes: "Proust et les noms" en *Le Degré zéro de l'escriture suivi de Nouveaux essais critiques*. París, Seuil, Collection Points, 1953, 1972; p. 136. Para consultar la traducción al inglés del ensayo, ver Roland Barthes: *New Critical Essays*, trad. Richard Howard. Nueva York, Hill and Wang, 1980; p. 68; traducción de Nicolás Rosa y Patricia Wilson, *El grado cero de la escritura: seguido de Nuevos ensayos críticos*. Buenos Aires: Siglo XXI, 1973; p. 127. De Man se refiere al pasaje previo del mismo ensayo en "The Resistance to Theory", en *The Resistance to Theory*. Minneapolis, Minnesota University Press, 1986; traducción de Elena Elorriaga y Oriol Francés, *La resistencia a la teoría*. Madrid, Visor, 1990].

Ahora toma la forma de una concepción triple y jerarquizada de la literatura basada en la distinción entre ciencia literaria, crítica literaria y lectura literaria. La autoridad de control de la primera de esas disciplinas, la única que está libre del error de la semantización y que reclama la verdad, queda totalmente fuera de cuestión. "Si uno está dispuesto a admitir la naturaleza textual de la obra literaria (y de extraer de ese saber las consecuencias pertinentes), entonces un *cierto tipo* de ciencia literaria se vuelve posible [...]. Su modelo será sin lugar a dudas lingüístico [...]. La ciencia literaria tendrá como objeto no la explicación de por qué cierto significado debe ser aceptado, ni siquiera por qué ha sido aceptado (siendo esta la tarea de los historiadores), sino por qué es aceptable. No en términos de las reglas filológicas del significado literario, sino en términos de las reglas lingüísticas del significado simbólico" [*Critique et vérité*, pp. 57-58, traducción realizada por De Man].[13] Al dirigir enfáticamente la atención

13   N. del T.: Incluyo la traducción original al inglés de Paul de Man: «If one is willing to admit the textual nature of the literary work (and draw the proper conclusions from this knowledge), then a certain type of literary science becomes possible... Its model will undoubtedly be linguistic... Literary science will have for its object, not to explain why a certain meaning has to be accepted, nor even why it has been accepted (this being the task of the historians), but

sobre su propio aparato metodológico, *S/Z* —que es, a la fecha, la obra de análisis literario más sistemática de Barthes— puede ser considerada como el primer movimiento ejemplar en la elaboración de dicha ciencia. El impacto de este programa en los estudios literarios ha sido considerable y lo seguirá siendo. Sería inaceptable rechazar estos postulados metodológicos por considerarlos un truco o una fachada irónica de la que se valdría un escritor dotado de virtudes literarias más tradicionales. No nos conformaremos con destacar la elegancia, la sensibilidad, el elemento fuertemente personal e, incluso, confesional que es parte del tono distintivo de Barthes y que, en cualquiera de los géneros, lo convierte en uno de los "mejores" escritores de la actualidad, en el sentido más tradicional de ese

why it is acceptable. Not in terms of the philological rules of literary meaning, but in terms of the linguistic rules of symbolic meaning». Por su parte, la versión española citada dice: "Desde el momento en que por fin se admite que la obra está hecha con la escritura (y se sacan de allí las consecuencias) cierta ciencia de la literatura es posible. [...] Su modelo será evidentemente lingüístico. [...] La ciencia de la literatura tendrá por objeto determinar no por qué un sentido debe aceptarse, ni siquiera por qué lo ha sido (esto, repitámoslo, incumbe al historiador), sino por qué es aceptable, en modo alguno en función de las reglas filológicas de la letra, sino en función de las reglas lingüísticas del símbolo" (pp. 58-60).

epíteto. El reto teórico es genuino. Debe ser tomado con tanta mayor seriedad en la medida en que la calidad particular de los escritos de Barthes responde a su deseo de creer en sus fundamentos teóricos y de reprimir las dudas que los desestabilizarían.

La pregunta todavía sin respuesta es si la función semántica y referencial de la literatura puede ser considerada contingente o si es un elemento constitutivo de todo lenguaje literario. El aspecto autotélico y no referencial de la literatura en el que hizo hincapié Jakobson ya no puede ser seriamente cuestionado; pero la pregunta sigue siendo por qué se lo ignora de manera constante y sistemática, como si se tratara de una amenaza que debe ser reprimida. La primera cita de *Critique et vérité*, en la que se establecen las directivas para la futura ciencia literaria, es un buen ejemplo: uno puede ver a Barthes aleteando en torno al interrogante como una polilla alrededor de una llama, fascinado, pero manteniendo la debida distancia para protegerse. Todos los descubrimientos teóricos acerca de la literatura confirman que esta nunca puede ser reducida a un significado específico ni a un conjunto de significados; aun así, se la interpreta siempre de manera reductiva, como si fuera una declaración o un mensaje. Barthes admite la existencia de este patrón de error, pero niega que el objeto de la ciencia literaria sea dar cuenta de él; esa —dice— sería la tarea de los historiadores, con lo cual se da por supuesto que las razones de la existencia de un tal patrón no son lingüísticas sino ideológicas. A ello se suma la presuposición de que, a la larga, el trabajo negativo de desmitificación ideológica podrá evitar la distorsión que consiste en atribuir indebidamente a la literatura un significado positivo y asertivo, extraño a su propia naturaleza. Barthes nunca renunció a esa esperanza. En una entrevista reciente, a pesar de los numerosos matices y reservas, habla todavía de "la transparencia última de las relaciones sociales"[14] como meta de la empresa crítica. Al mismo tiempo, sin embargo, sus postulados metodológicos comenzaron a erosionarse bajo el efecto del interrogante que delegó a otras disciplinas más empíricas.

Es evidente que la literatura puede ser manipulada ideológicamente, pero eso no basta para probar que tal distorsión no sea la manifestación particular de un patrón de error más amplio. Tarde o temprano, cualquier estudio literario, sin importar

---

14   [Ver Roland Barthes, "Réponses", en *Tel Quel* 47 (Otoño 1971), edición especial sobre Roland Barthes, p. 107; traducción de Oscar del Barco, "Entrevista con Roland Barthes" en Jean Thibaudeau: *Roland Barthes, El proceso de la escritura*. Buenos Aires, Caldés, 1974; pp. 34-74].

cuán rigurosa y legítimamente formalista sea, debe retornar al problema de la interpretación, ya no bajo la convicción inocente de una primacía del contenido por sobre la forma sino como consecuencia de la tanto más perturbadora experiencia de ser incapaz de depurar su propio discurso de esas aberrantes implicancias referenciales. El concepto tradicional de lectura utilizado por Barthes, basado en el modelo de un proceso de codificación/decodificación, se torna ineficaz si el código maestro original queda fuera del alcance del operador, volviéndose este, entonces, incapaz de comprender su propio discurso. Una ciencia incapaz de leerse a sí misma ya no se puede denominar ciencia. La posibilidad de una semiología científica se ve desafiada por un problema del que ya no se puede dar cuenta en términos puramente semiológicos.

Este desafío le llegó a Barthes desde el ángulo más o menos inesperado de la filosofía, una disciplina que los primeros estructuralistas habían dejado de lado para concentrarse en las denominadas ciencias del hombre: la psicología, la antropología y la lingüística considerada como una ciencia social. Se comprobó luego que este rechazo había sido apresurado, puesto que estaba basado en una evaluación inadecuada de la capacidad específicamente filosófica de dudar de los propios fundamentos de la filosofía, de una manera autodestructiva que ninguna ciencia se atrevería alguna vez a imitar. El trabajo de Michel Foucault y, en especial, el de Jacques Derrida —cuyo impacto determinante en la teoría literaria fue confirmado por el libro *La Dissémination*, de reciente publicación— tematizan el problema de la delusión lingüística de un modo que los críticos semiológicos de la retórica barthesiana no pueden darse el lujo de ignorar, tanto más porque revela que el desafío nunca había dejado de estar presente en la actividad filosófica y literaria de la que quisieron desentenderse los estructuralistas. Cabría traer a colación ciertas lecturas erróneas y recurrentes de las actitudes de Rousseau, Hegel y, especialmente, Nietzsche (así como de Heidegger) hacia la literatura y, también, de la observación críptica de Barthes durante una conversación reciente en la que decía que "es probable que una crítica de Lautréamont, por ejemplo, no sea posible"; observación que se puede leer como una abdicación de la semiología cuando se enfrenta al lenguaje poético.[15]

15   [Ver, por ejemplo, la segunda parte de *Crítica y verdad* (p. 45), en donde Barthes trata el problema de la confrontación de la crítica con los textos léxicamente esotéricos y se refiere a Lautréamont].

La integridad intelectual de Barthes se hace evidente en su respuesta a ese desafío filosófico. Por el momento, tiene la forma de un distanciamiento respecto del optimismo metodológico que todavía inspiraba *S/Z*. En los trabajos teóricos más próximos (no así en otros libros recientes, como *L'Empire des signes*, motivado por un viaje a Japón, o *Sade, Fourier, Loyola*, en el que la euforia semiológica reina sin vueltas),[16] se bosqueja un programa mucho menos ambicioso que parece ser el regreso a una recolección pragmática de datos literarios, dando muestras de una aguda conciencia de la incapacidad de la semiología de dar cuenta de la tensión estilística entre el lenguaje escrito y el oral. Uno de estos trabajos, disponible en una traducción al inglés, nos invita a embarcarnos en "la búsqueda de modelos, de *patterns*: estructuras frásticas, clichés sintagmáticos, comienzos y cierres de frases; y lo que debería

16   [Roland Barthes : *L'Empire des signes*. Ginebra, Skira, 1970 ; trad. Richard Howard, *The Empire of Signs*. Nueva York, Hill and Wang, 1982; traducción de Adolfo García Ortega, *El Imperio de los signos*. Barcelona, Seix Barral, 2007; *Sade, Fourier, Loyola*. París, Seuil, 1971; trad. Richard Miller, *Sade, Fourier, Loyola*. Nueva York, Hill and Wang, 1976; traducción de Néstor Leal, *Sade, Fourier, Loyola*. Caracas, Monte Ávila, 1977]. Sospecho que algunos de estos ensayos puedan, de hecho, haber sido de una fecha anterior, pero no cuento con información como para confirmarlo.

animarla es la convicción de que el estilo es esencialmente un procedimiento de la cita, un corpus de trazos, una memoria (casi en el sentido cibernético del término), una herencia basada en cultura y no en expresividad. [...] [E]stos modelos son tan solo depósitos de cultura (incluso aunque parezcan muy antiguos); son repeticiones, no fundamentos; citas, no expresiones; estereotipos, no arquetipos".[17] En estas frases son notables las marcas de las lecturas de Derrida, Gilles Deleuze, Foucault (y, quizás también, del estilista de Columbia, Michael Riffaterre). Sin embargo, no pueden representar una posición definitiva. La mente no puede contentarse con una mera repertorización de sus propias aberraciones recurrentes; está obligada a sistematizar su propia autointuición negativa en categorías que, cuando menos, cuentan con una apariencia de pasión, novedad y diferencia. Hay sobradas razones para suponer que el trabajo futuro de Barthes participará de este desarrollo, tanto como participó del que condujo a este. La revista de vanguardia *Tel Quel*, cuya actitud hacia el estructuralismo ortodoxo

17   [Ver Roland Barthes: "Style and its Image", en *Literary Style: A Symposium*, Seymour Chatman, ed. Londres, Oxford University Press, 1971; pp. 9-10; "El estilo y su imagen" en *El susurro del lenguaje*, traducción de Carlos Fernández Medrano. Barcelona, Paidós, 1987; p. 186].

siempre fue saludablemente poco complaciente, dedicó pocos meses atrás un número completo a Roland Barthes,[18] generando así la engañosa impresión de querer monumentalizar a un hombre que es tan monumental como el gato de Cheshire. Dudo que *Tel Quel* haya querido lanzar a Barthes a las alturas de una especie de Panteón de formas inmutables; quien asuma que tal cosa es posible juzgará equivocadamente la resiliencia de una de las mentes más ágiles e ingeniosas del campo de los estudios literarios y lingüísticos.

En cuanto a la crítica estadounidense, su reacción frente a Barthes todavía no es clara. Las traducciones recientes son un primer paso, útil pero todavía insuficiente para la presentación de su trabajo en el mundo anglófono. Los *Ensayos críticos*, que en su mayoría son prefacios escritos para ediciones comerciales, datan del período que precede al desarrollo de la semiología —alrededor de 1963— y su interés reside más que nada en mostrar el descontento de Barthes frente a la metodología imperante en los estudios literarios de la Francia de los años cincuenta, tanto como su deleite al descubrir la nueva perspectiva que abrían sus lecturas en

18   [*Tel Quel* 47 (Otoño 1971)].

el campo de la lingüística. Crean la impresión relativamente engañosa de que sus principales intereses se centran en el teatro de Brecht y en las novelas de Robbe-Grillet y, a decir verdad, no deberían
considerarse un ejemplo satisfactorio de sus logros.
En comparación con los *Ensayos críticos*, es posible
apreciar un mayor grado de delicadeza semiológica
en las *Mitologías*, incluyendo algunas que no están
comprendidas en esta selección. La manera en que
la disponibilidad de sus libros teóricos más importantes (*Sobre Racine, Crítica y verdad, S/Z*, diversas
publicaciones teóricas)[19] puede llegar a influenciar
a la crítica estadounidense se infiere de las reacciones de algunos especialistas familiarizados con su
trabajo que muestran una resistencia fundamental.
En un ensayo reciente titulado "On Defining Form",
incluso un académico tan culto como Seymour
Chatman, que ya hizo un esfuerzo muy productivo
para acercar los estudios de literatura estadounidenses y continentales, reprende a Barthes por dudar de la función referencial del lenguaje literario:

19   *On Racine,* traducido en 1962, hace que se plantee la pregunta acerca de la relación de Barthes con la crítica psicoanalítica, pregunta demasiado compleja como para ser analizada aquí. [Ver Roland Barthes: *On Racine*. Nueva York,
      Hill and Wang, 1964; traducción de Jaime Moreno Villareal,
      Sobre Racine. México, Siglo XXI, 1992].

"Es difícil comprender", escribe, "por qué uno debería negar que hay, en última instancia, contenidos o *signifiés* a los que uno se refiere [...]. El contenido de una obra literaria no es el lenguaje sino lo que el lenguaje representa, su referencia [...]. El lenguaje es una forma mediadora entre la forma *literaria* (estructura-textura) y el contenido último".[20] La tesis de Barthes no fue nunca que la literatura carezca de función referencial, sino que jamás es posible alcanzar un referente "último" y que, por lo tanto, la lógica del metalenguaje crítico es problemática y se ve constantemente amenazada. He sugerido que Barthes fue demasiado esperanzado al creer, por un momento, que la amenaza podría ignorarse o ser delegada a los historiadores. Cuando menos, la autoconfianza científica así obtenida es productiva y tiene una validez negativa, hasta cierto punto —y ahora que parece conocer sus horizontes, sigue siendo un hecho necesario para cualquier formación crítica—. Volver a una noción no problemática de significación es retroceder dos pasos: uno que lleva de vuelta a una seudociencia en un dominio en el que ninguna ciencia es posible, y otro que retrocede hacia una seudociencia que, a diferencia de

20 [En *New Literary History*, 2 (1971), pp. 218-226].

la semiología de Barthes, está demasiado alejada de su objeto como para ser desmitificada por él. En tanto haya una mal fundada resistencia a la *"libération du signifiant"*, la crítica de Barthes será poco instructiva para los estudiantes estadounidenses de literatura.

Índice

Sobre los autores

Paul de Man

Nació en Amberes (Bélgica) en 1919 y murió en New Haven (Estados Unidos) en 1983. Doctorado en filosofía en Harvard, desplegó su carrera como crítico en la Universidad de Yale, donde llegó a ser reconocido por su aguda forma de leer y su estilo elegante. A su manera, fue un promotor de críticos y filósofos franceses en el mundo norteamericano, como Roland Barthes y Jacques Derrida. Su obra recién comenzó a conocerse en castellano a partir de 1990.

Judith Podlubne

Nació en Rosario (Santa Fe, Argentina) en 1968. Publicó Escritores de Sur. Los inicios literarios de José Bianco y Silvina Ocampo (2011). Es investigadora del Conicet. Da clases de Teoría Literaria y dirige el Centro de Estudios de Teoría y Crítica Literaria en la Universidad Nacional de Rosario.

Este libro se terminó de imprimir,
en Argentina, en los Talleres Gráficos Elías Porter (Buenos Aires)
y, en Chile, en los de Editora e Imprenta Maval (Santiago),
en noviembre de 2020.